EDICT DV ROY,

PORTANT CREATION EN
tiltre d'Office formé en l'Hostel de Ville de Paris,
de Quarente-neuf Offices de Commissaires Controlleurs Iurez Mouleurs, Compteurs, Cordeurs,
Mesureurs & Visiteurs de toute sorte de Bois :
COMME aussi creation en tiltre d'Office, de
Quarente-six Iurez Chargeurs de Bois en charrette és Ports de la Tournelle, le Plastre, la Gréue,
l'Escole S. Germain & Malaquais de ladite Ville.
AVEC les mesmes facultez dont jouïssent les anciens pourueus de semblables Offices, & vnion à
iceux, Ausquels anciens sa Majesté a de nouueau
attribué & augmenté les mesmes droicts, qualitez
& fonctiós qu'aux Officiers creez par ledit Edict.

*Verifié en la Cour des Aydes le 6. Iuillet 1644. Et regi-
stré en l'Hostel de ladite Ville le 12. desdits mois & an.*

Auec autres precedentes Declarations & Arrests,
portans reglement des droicts & salaires desdits
Iurez Mouleurs, Chargeurs & autres Officiers.

A PARIS,

Par A. ESTIENE, Premier Imprimeur ordinaire
du Roy, ruë Sainct Iacques, au College
Royal, deuant Sainct Benoist.

M. DC. XLIV.
Auec Priuilege de sa Majesté.

OVIS par la grace de Dieu Roy de France & de Nauarre, A tous pre-sens & à venir, Salut. Novs ayant esté remonstré en nostre Conseil, Que les Ports & Chantiers de la marchandise de Bois de nostre bonne Ville de Paris, se sont de beaucoup augmentez depuis quelques années; ce qui fait que les Officiers qui ont esté creez sur lesdits Bois, ne se trouuent en nombre suffisant pour vaquer au seruice du Public, lequel ne pouuant estre si promptement & si commodément secouru de ladite marchandise qu'il est requis, en reçoit de l'incommodité; Nous auons iugé qu'il estoit à propos, pour y remedier, d'augmenter le nombre des Cinquante-vn Iurez Mouleurs, Compteurs, Cordeurs, Mesureurs & Visiteurs des Bois, iusques au nombre de Cent; & attribuer aux vns & aux autres les qualitez & fonctions de Commissaires & Controlleurs sur lesdits Bois, pour les rendre d'autant plus soigneux en l'exercice de leurs Charges; & d'augmenter aussi le nombre de Soixante vnze Iurez Chargeurs desdits Bois en charrette, iusques au nombre de Cent dix-sept. Mais comme la creation desdits nouueaux Offices se rendroit inutile au public, & onereuse ausdits Officiers, si quelques droicts ne leur estoient attribuez, pour donner moyen à ceux qui seront pourueus desdits Offices, de les exercer auec assiduité & diligence; & que lesdits droicts ne peuuent estre leuez que par augmentation du prix de ladite marchandise, laquelle se trouue-desia beaucoup surchargée; Nous auons resolu, pour éuiter de fouler nos Subjets par l'augmentation du prix desdits Bois, d'aliener nostre Ferme du nouueau

A ij

droiȼt de Subuention fur lefdits Bois, & conuertir le reuenu d'icelle en droiȼts pour lefdits Officiers : De la finance defquels Offices que nous créerons, & des taxes qui feront faites fur les anciens Officiers, pour l'augmentation de leurs droiȼts & qualitez, nous retirerons vn prompt fecours en la neceffité prefente de nos affaires. Et dautant que les Chargeurs defdits Bois en charrette des Ports de la Gréue, la Tournelle, le Plaftre & l'Efcole Sainȼt Germain, Nous ont fait fupplier de les vnir & incorporer en vn corps & bourfe commune, à l'inftar des Iurez Mouleurs de Bois, & autres Officiers de Police de l'Hoftel de noftredite Ville de Paris, afin que n'eftans pas occupez à la pourfuite des procez & differends qui fe meuuent iournellement entr'eux pour raifon de leurs Offices, ils puiffent fe bien acquitter de leurs charges; nous auons confenty à ladite vnion, à la charge neantmoins que lefdits Chargeurs du Port de l'Efcole, qui profitent de ladite vnion, defdommageront fuiuant leurs offres, ceux dudit Port de la Tournelle, de la perte qu'ils fouffrent en la diminution du prix de leurs Offices, par ladite vnion : A CES CAVSES, Sçauoir faifons, Qu'ayant fait voir en noftre Confeil le Bail de ladite Ferme de la Subuention : les Tarifs arreftez en iceluy pour les droiȼts de ladite Ferme: les Lettres de Declaration du feu Roy noftre treshonoré Seigneur & Pere, du mois d'Aouft 1637, l'Arreft de noftre Confeil interuenu en execution d'icelles, pour l'explication des droiȼts defdites Charges, du 28. Aouft 1641. Aduis, Iugement & Sentence des Preuoft des Marchands & Efcheuins de noftredite Ville de Paris, des fixiéme dudit mois & an, 9. Ianuier 1642. Autres Arrefts de noftredite Confeil, des 8. Feburier, 3. Iuin, & 3. Nouembre audit an, confirmans les droiȼts defdits Chargeurs

de Bois, Et leur requeſte tendante à ladite vnion :
D e l'Aduis de la R E Y N E R E G E N T E
N O S T R E T R E S - H O N O R E E D A M E
E T M E R E, de noſtre tres-cher Oncle le Duc
d'Orleans, de noſtre cher Couſin le Prince de Con-
dé, & de pluſieurs grands & notables Perſonnages
de noſtredit Conſeil, & de noſtre certaine ſcience,
plaine puiſſance & authorité Royale, N o v s
A V O N S par noſtre preſent Edict perpetuel & ir-
reuocable, creé & erigé, creons & erigeons en tiltre
d'Office formé en l'Hoſtel de noſtre Ville de Paris,
Quarente-neuf Offices de Commiſſaires Controlleurs Iurez Mouleurs, Compteurs, Cordeurs, Meſureurs & Viſiteurs de toute ſorte de Bois tant neuf
que floté, à bruler, à baſtir, en poutres, ſoliues, poteaux, cheurons, ſciage, charronnage, que de toutes
ſortes d'eſchalats, lattes, oſiers, perches, merrien,
goberges, & autre ouuré, non ouuré & eſcorce, ſoit
qu'il ſoit du creu de France ou Païs eſtranger, qui
ſeront amenez tant par eau que par terre, & deſchar-
gez aux Ports & Places de ladite Ville de Paris, Faux-
bourgs & Banlieuë d'icelle, Pour par ceux qui ſeront pourueus deſdits Offices, en faire la fonction &
exercice, & iouïr des meſmes Priuileges, droicts,
fruicts, profits, reuenus & émolumens que ceux
dont iouïſſent les Cinquante-vn anciens Iurez Mouleurs, Compteurs, Cordeurs, Meſureurs & Viſiteurs
deſdits Bois, & qui leur ſont attribuez par Edicts,
Declarations, Arreſts & Reglemens ſur ce faits : au
Corps & Communauté deſquels nous auons ioint,
vny & incorporé, ioignons, vniſſons & incorporons
leſdits Quarente-neuf Offices preſentement creez,
& auons attribué & attribuons auſdits Cinquante-
vn Iurez Mouleurs, Compteurs, Cordeurs, Meſureurs & Viſiteurs deſdits Bois, les meſmes qualitez

& fonctions de Commiffaires & Côtrolleurs, qu'aufdits Quarente-neuf Offices creez par le prefent Edict,
pour auec iceux faire le nombre de Cent , lequel
nombre ne pourra eftre cy-apres augmenté, ny eftre
creé ny eftably aucuns Officiers qui puiffent auoir
égard fur ladite marchandife de Bois, ou authorité
fur lefdits Officiers d'icelle, fous les tiltres de Commiffaires & Controlleurs, ny autrement, pour quelque caufe, pretexte ny occafion que ce foit. Voulons que les pourueus defdits cent Offices, voyent,
vifitent, comptent, mefurent & controllent toute
forte de Bois, & facent les autres fonctions de leurs
Charges fur lefdits Bois, de quelque nature qu'ils
puiffent eftre : & qu'à cét effet les Marchands, Voituriers & Mariniers, qui feront venir, ameneront &
conduiront en ladite Ville, Faux-bourgs & Banlieuë,
tant par eauë que par terre, lefdits Bois, foient tenus
à l'inftant de l'arriuée de leurs bateaux & marchandifes, de venir ou enuoyer au Bureau defdits Commiffaires Controlleurs, Iurez Mouleurs eftablis en
chacun Port, faire leur declaration de la quantité &
qualité des marchandifes qu'ils auront amenées ou
fait venir, ainfi qu'il eft accouftumé, pour eftre icelles veuës, vifitées & controllées par lefdits Commiffaires Iurez Mouleurs : faifant tres-expreffes inhibitions & defenfes aufdits Marchands, Voituriers &
Mariniers, de faire defcharger & tirer lefdites marchandifes auant que d'eftre veuës, vifitées & controllées par lefdits Commiffaires Controlleurs Iurez
Mouleurs, à peine de confifcation defdits Bois, & de
cinq cens liures d'amende : Lefquels Commiffaires
Controlleurs Iurez Mouleurs feront tenus, apres la
vifite & controlle defdites marchandifes , d'en faire
leur rapport & arriuages pardéuant les Preuoft des
Marchands & Efcheuins de noftre Ville de Paris, de

celles dont l'on a accouſtumé de leur faire rapport.
Avons auſſi par noſtre preſent Edict, creé & erigé, creons & erigeons en tiltre d'Office formé audit
Hoſtel de noſtredite Ville de Paris, Quarente-ſix Iurez Chargeurs de Bois en charrette és Ports de la
Tournelle, le Plaſtre, la Gréue, l'Eſcole Sainct Germain & Malaquais, de noſtredite Ville , aux fonctions, exercices, priuileges & droicts dont iouïſſent
les Soixante-vnze Iurez Chargeurs de Bois eſdits
Ports , pour auec iceux faire le nombre de Cent dix-
ſept , qui ne pourra eſtre cy-apres augmenté pour
quelque cauſe que ce ſoit. Tous leſquels anciens &
nouueaux Chargeurs de Bois, nous auons ioints, vnis
& incorporez, ioignons, vniſſons & incorporons en-
ſemblement ; & voulons qu'ils ne facent à l'aduenir
qu'vn ſeul & meſme corps, & qu'ils ſeruent alter-
natiuement de Ports en Ports , à l'inſtar & ainſi qu'il
ſe pratique entre leſdits Iurez Mouleurs de Bois,
Iurez Meſureurs & Porteurs de Charbon , & autres
Officiers de Police de noſtredite Ville de Paris ; à la
charge que les anciens Chargeurs de Bois dudit Port
de l'Eſcole, payeront auſdits anciens Chargeurs dudit Port de la Tournelle, la ſomme de Trente-ſept
mil cinq cens liures, à laquelle ils ont reglé entr'eux
le deſdommagement que leſdits Chargeurs du Port
de la Tournelle pouuoient pretendre pour la diminution du prix de leurs Offices, à cauſe de ladite vnion.
A tous leſquels Cent Commiſſaires Controlleurs
Iurez Mouleurs, Compteurs, Cordeurs, Meſureurs
& Viſiteurs deſdits Bois, & Cent dix-ſept Chargeurs
deſdits Bois en charrette, Nous auons attribué &
attribuons par le preſent Edict, les droicts de la Ferme de la Subuention ſur leſdits Bois ; Sçauoir, auſdits Cent Commiſſaires Iurez Mouleurs, cinq ſols
pour voye de toute ſorte de Bois à bruler ; & auſdits

Cent dix-sept Chargeurs , trois sols auſſi par voye de toute sorte deſdits Bois à bruler seulement; faiſant en tout les huict sols pour voye, à quoy le sol pour liure de ladite Ferme de la Subuention pour leſdits Bois à bruler a eſté reglé par le Tarif arreſté en noſtre Conſeil le   iour d   Et outre ce, Nous auons encores attribué & attribuons auſdits Cent Commiſſaires Controlleurs Iurez Mouleurs, Compteurs, Cordeurs, Meſureurs & Viſiteurs deſdits Bois, le sol pour liure de ladite Ferme, ſur tous les autres Bois à baſtir, en poutres, ſoliues, poteaux, cheurons, ſciage, charronnage, eſchalats, lattes, oſiers, perches, merrien, goberges, & autre ouuré & non ouuré, & eſcorce, ſoit qu'il ſoit du creu de France ou Païs eſtranger, entrant en ladite Ville, Fauxbourgs & Banlieuë de Paris, ſpecifiez par ledit Tarif, Pour deſdits droicts preſentement attribuez, en iouïr par les pourueus deſdits Cent Offices de Commiſſaires Controlleurs Iurez Mouleurs, & par leſdits Cent dix-ſept Iurez Chargeurs deſdits Bois, à commencer du premier iour du mois de Mars prochain, outre & par deſſus les droicts dont iouiſſent à preſent leſdits anciens Iurez Mouleurs, & leſdits Iurez Chargeurs de Bois : Reuoquant pour cét effet le Bail de la Ferme de ladite Subuention, & faiſant defenſes au Fermier d'icelle, ſes Commis & tous autres, de s'ingerer à la recepte d'icelle, ledit iour premier Mars paſſé : Et voulons que leſdits droicts, que nous attribuons par le preſent Edict auſdits Cent Commiſſaires Controlleurs Iurez Mouleurs, & auſdits Cent dix-ſept Chargeurs deſdits Bois, leur ſoient payez par les Marchands Vendeurs ſeuls, au lieu des droicts qu'ils payoient audit Fermier de la Subuention ſur ledit Bois, & ainſi que ledit Fermier les receuoit ; ſans que pour raiſon de ce leſdits Marchands

chands puiſſent pretendre aucune augmentation de
leur marchandiſe : Et pour les anciens droicts deſdits
Commiſſaires Controlleurs Iurez Mouleurs, & deſdits Chargeurs, qu'ils en iouïront à l'aduenir, tant
les anciens Officiers, que ceux qui ſont creez par le
preſent Edict, conformément & ſuiuant les Lettres
de Declaration du mois d'Aouſt 1637. & Arreſts de
noſtredit Conſeil donnez en conſequence d'icelles,
que nous voulons eſtre executez ſelon leur forme &
teneur ; Meſmes que leſdits Chargeurs de Bois ſeront payez de leurs droicts, tant anciens que nouueaux, pour les cotterets & fagots, en tous les Ports
& Quais de noſtredite Viile, Faux-bourgs & Banlieuë, par le vendeur ſeul, ſur le pied du controlle
d'iceux, ſoit que leſdits cotterets & fagots ſoient en-
leuez par charrettes, bardée, piece ou autrement. Et
quant aux Bois que les Bourgeois achepteront ou
feront venir pour leur prouiſion, leſdits Commiſſaires Controlleurs Iurez Mouleurs, & leſdits Chargeurs, ſeront payez de tous leurs droicts tant anciens
que noulueaux, & les Voituriers deſdits Bois tenus
d'en faire les deniers bons, & contrains en cas de re-
fus, au payement d'iceux, par ſaiſie & arreſt de leurs
batteaux, charrettes & cheuaux, ainſi que ledit Fermier de la Subuention ſur leſdits Bois, pouuoit faire
en vertu du Bail de ladite Ferme, Arreſts & Reglemens interuenus pour l'execution d'iceluy : Et à l'é-
gard des Bois prouenans du cru des heritages deſdits Bourgeois, & pour la prouiſion de leur maiſon
ſeulement, iceux Bourgeois faiſans ſuffiſamment apparoir que c'eſt de leurdit cru, ils ne ſeront obligez
de payer auſdits Commiſſaires Controlleurs Iurez
Mouleurs, que les cinq ſols pour voye qui ſe leuoient
par ledit Fermier de ladite Subuention, & auſdits Iurez les trois ſols preſentement attribuez, prouenans

de la suppression de ladite Ferme de la Subuention,
& ce outre les anciens droicts dont lesdits Officiers
ont accoustumé de iouïr sur lesdits Bois desdits
Bourgeois, desquels droicts lesdits Commissaires
Controlleurs Iurez Mouleurs, & lesdits Chargeurs,
feront tousiours payez par tous les Bourgeois, Priuilegiez & non Priuilegiez, exempts & non exempts.
Et afin que lesdits Commissaires Controlleurs Iurez
Mouleurs, & lesdits Iurez Chargeurs, puissent auoir
cognoissance des quantitez de marchandises dont les
batteaux seront chargez, il leur sera permis d'aller ou
commettre pour eux qui bon leur semblera, pour aller auec les Controlleurs de la Buche sur lesdits batteaux, ainsi qu'a tousiours eu droict de faire le Fermier de ladite Subuention. VOVLONS en outre,
Que lesdits Cent Commissaires Controlleurs Iurez
Mouleurs, Compteurs, Cordeurs, Mesureurs & Visiteurs desdits Bois, jouïssent conjointement tant
des droicts cy-deuant attribuez ausdits Cinquante-
vn Iurez Mouleurs, que de ceux que nous attribuons ausdits anciens & nouueaux par le present
Edict, dont ils feront bourse commune, & les parta-
geront également entr'eux ; Et que lesdits Cent dix-
sept Iurez Chargeurs jouïssent aussi conjointement
tant des droicts cy-deuant attribuez ausdits Soixante-vnze Iurez Chargeurs, que de ceux que nous attribuons ausdits Cent dix-sept par le present Edict,
dont ils feront aussi bourse commune, & les partage-
ront également entr'eux, ainsi & en la mesme forme
que lesdits Cent Commissaires Controlleurs Iurez
Mouleurs. VOVLONS aussi que ceux qui seront
pourueus desdits Quarente-neuf Offices de Commissaires Controlleurs Iurez Mouleurs, & desdits
Quarente-six Iurez Chargeurs, creez par nostre
present Edict, ayent mesme faculté que les anciens,

de resigner par eux, leurs vesues ou heritiers, lesdits
Offices pardeuant Notaires ou Tabellions, sans
estre tenus de faire, si bon ne leur semble leurs resi-
gnations en personnes dans ledit Hostel de Ville,
dont nous les auons releuez & dispensez, releuons &
dispensons par ces presentes, en payant par chacun
an audit Hostel de nostredite Ville de Paris, es mains
du Receueur d'icelle, vne recognoissance annuelle,
ainsi & en la mesme forme que lesdits anciens Iurez
Mouleurs, & lesdits Chargeurs de Bois, & de pareil-
le somme seulement, sans estre tenus de payer aucun
Prest, dont nous les dispensons & deschargeons par
le present Edict, & du payement de ladite redeuance
pour l'année qu'ils feront receus esdits Offices : &
arriuant leur deceds pendant icelle, leursdits Offices
feront conferuez à leursdites vesues, enfans & heritiers, comme s'ils auoient payé ladite recognoissance. Et dautant que lesdits Cinquante-vn Iurez Mouleurs anciens, & lesdits Soixante-vnze Iurez Chargeurs desdits Bois, reçoiuent quelque augmentation
en leurs Offices, au moyen desdites attributions de
droicts & qualitez, que nous leur faisons par le prefent Edict, Nous voulons qu'ils payent és mains du
Treforier de nos Parties Casuelles, ou du Porteur
de ses Quittances, les sommes aufquelles ils feront
pour ce moderément taxez en noftre Conseil dans vn
mois du iour de la signification qui leur en fera faite.
Et côme nous auons fait eftat des deniers qui doiuent
prouenir de la vente desdits Offices pour subuenir
aux plus preffées defpenfes de la guerre, afin d'obli-
ger ceux qui voudront leuer lesdits Offices en nos
Parties Casuelles, de nous fecourir de la finance d'i-
ceux, Nous voulons que ceux qui leueront lesdits
Offices, iouïffent des droicts y attribuez, à commencer dudit premier iour de Mars prochain, tant-des

Bois qui se trouueront esdits Ports audit iour, que de ceux qui y arriueront cy-apres, & ce comme Porteurs des Quittances de finance desdits Offices, leur permettant de commettre à la leuée desdits droicts iusques au iour de la vente d'iceux Offices, telles personnes qu'ils aduiseront bon estre, tout ainsi que pourroient faire les pourueus desdits Offices.

SI DONNONS EN MANDEMENT à nos amez & feaux Conseillers les Gens tenans nostre Cour des Aydes à Paris, & aux Preuost des Marchands & Escheuins de nostredite Ville de Paris, Que le present Edict ils façent regiftrer purement & simplement, & le contenu en iceluy, entretenir, garder & obseruer selon sa forme & teneur, sans permettre qu'il y soit contreuenu, nonobstant toutes Ordonnances, Edicts, Declarations, Arrests, Iugemens & autres choses à ce contraires, ausquelles, & aux dérogatoires des dérogatoires y contenuës, nous auons dérogé & dérogeons par ces presentes, & nonobstant aussi toutes oppositions, appellations & empeschemens quelconques, desquels nous attribuons la cognoissance ausdits Preuost des Marchands & Escheuins de nostredite Ville de Paris en premiere instance, & par appel en nostredite Cour des Aydes, apres la verification pure & simple de nostredit present Edict, & iusques à ce nous l'auons retenuë & reseruée en nostredit Conseil, & icelle interdicte & defenduë à toutes nos autres Cours & Iuges : CAR tel est nostre plaisir. Et afin que ce soit chose ferme & stable à tousiours, nous auons fait mettre nostre Seel à cesdites presentes, sauf en autre chose nostre droict, & l'autruy en toutes. Et dautant que des presentes on pourra auoir affaire en plusieurs & diuers lieux, Nous voulons qu'aux copies d'icelles deuëment collatiōnées par l'vn de nos amez & feaux

Conſeillers & Secretaires, foy ſoit adiouſtée comme
au preſent original. DONNE' à Paris au mois de
Féurier, l'an de grace 1644. Et de noſtre regne le premier. Signé, LOVIS: Et plus bas, Par le Roy, la
Reyne Regente ſa Mere preſente, DE GVENE-
GAVD; à coſté, viſa : & ſeellé du grand Sceau de
cire verte ſur laçs de ſoye rouge & verte.

LETTRES DE IVSSION.

LOVIS par la grace de Dieu Roy de France & de Nauarre, A nos amez & feaux
Conſeillers les Gens tenans noſtre Cour
des Aydes à Paris, Salut. Par noſtre Ediɑ
du mois de Féurier dernier, nous auons pour les conſiderations y contenuës, creé & erigé en tiltre d'Office formé en l'Hoſtel de noſtre Ville de Paris, Quarente-neuf Commiſſaires Controlleurs Iurez Compteurs, Mouleurs, Cordeurs, Meſureurs & Viſiteurs
de toutes ſortes de bois , tant neuf que flotté, à bruler, à baſtir, en poutres , ſoliues, poteaux, cheurons,
ſciage, charronnage, que de toutes ſortes d'échalats,
lattes , oſiers , perches, merien, goberges, & autres , ouuré & non ouuré & écorce, ſoit qu'il ſoit
du cru de France ou païs eſtranger , qui ſeront amenez tant par eau que par terre, & déchargez aux
Ports & Places de noſtredite Ville de Paris, Faux-
bourgs & Banlieuë d'icelle ; Et Quarente-ſix Iurez Chargeurs dudit bois, pour faire auec les Soixante vnze ja creez, le nombre de Cent dix-ſept ; &
entr'autres choſes ordonné par ledit Ediɑ, que les
Marchands Voiɑuriers dudit bois ſeront tenus à
l'inſtant de l'arriuée d'iceluy, d'en venir ou enuoyer

faire declaration de la quantité & qualité au Bureau
defdits Iurez Mouleurs, Aux droicts aufdits Officiers attribuez par ledit Edict, lefquels à l'égard des
bois prouenans du cru des heritages des Bourgeois,
& pour la prouifion de leur maifon feulement, faifant apparoir que c'eft de leurdit cru, nous aurions
reduits & moderez aux cinq fols pour voye qui fe leuoient par le Fermier de la Subuention, & aux trois
fols attribuez aufdits Iurez Mouleurs prouenans de
ladite fuppreffion de ladite Ferme de la Subuention ;
& ce outre les anciens droicts dont lefdits Officiers
ont accouftumé de iouïr fur les bois defdits Bourgeois, dont ils feront payez par iceux Bourgeois,
priuilegiez & non priuilegiez, exempts & non
exempts : & qu'en cas qu'il interuint oppofitions ou
empefchemens à l'execution d'iceluy, la cognoif-
fance en premiere inftance en appartiendra aux Preuoft des Marchands & Efcheuins de ladite Ville de
Paris, & par appel en noftre Cour des Aydes : Lequel Edict vous ayant efté prefenté, au lieu de proceder à la verification pure & fimple, ainfi qu'il vous
eft mandé par iceluy, vous en auriez par voftre Arreft du fixiéme iour de May dernier, ordonné l'enregiftrement, à condition que les Marchands de Bois
y pourront vendre leurfdits bois en la maniere accouftumée, fans qu'ils foient obligez de faire aucune
declaration és Bureaux defdits Cent Commiffaires
Controlleurs Iurez Mouleurs, Cordeurs & Chargeurs de bois, lefquels ne pourront prendre & perceuoir, ny les Cent dix-fept Chargeurs, aucuns droicts
fur les perches & débacles qui feruent aux Mar-
chãds de bois à conduire & à mener leur bois en train
en noftredite Ville de Paris ; Et que les Bourgeois d'i-
celle ne pourront eftre contraints pour les bois pro-
uenant de leur cru, & qu'ils font venir pour la proui-

fion de leurs maifons, de payer autres droiéts que les
huiét fols de la Subuention, fuiuant la Declaration
& Tarif verifiez en voftre Cour le vingt-feptiéme
May 1642. Faiét inhibitions & defenfes aufdits Officiers d'en exiger dauantage, à peine de concuffion,
fans approbation des deux fols pour liure ordonnez
eftre leuez par Arreft du Confeil du vingt-cinquiéme Féurier 1643. par augmentation fur ladite Subuention, & qu'és procez & differends qui interuiendront en execution de noftredit Edíét, les parties fe
pouruoiront pardeuant le Preuoft des Marchands de
ladite Ville en premiere inftance, & par appel, en ladite Cour : à la referue de ceux de ladite Subuention,
pour raifon defquels en premiere inftance les parties
fe pouruoiront pardeuant les Eleus de Paris, & par
appel en icelle Cour. Lefquelles modifications retar-
dent le fecours que nous attendons de la finance defdits Offices pour la defpenfe de la guerre & vrgentes
neceffitez de cét l'Eftat : A CES CAVSES, apres
auoir fait voir en noftre Confeil noftredit Edíét &
voftredit Arreft de modification, De l'Aduis de la
Reyne Regente noftre tres-honorée Dame & Mere, NOVS vous mandons, ordonnons & tres-expreffément enjoignons par ces prefentes fignées de
noftre main, qui vous feruiront de premiere, feconde, derniere & finale Iuffion, & de tous commandemens plus exprez & abfolus que vous pouuez fur ce
attendre de nous, Que fans vous arrefter aux caufes
& motifs de voftredit Arreft, vous ayez, toutes affaires ceffans & poftpofez, à proceder à la leuée des
modifications y contenuës, & faire regiftrer purement & fimplement noftredit Edíét, & iceluy faire
executer felon fa forme & teneur. Enjoignons à noftre Procureur General de noftredite Cour, de faire
pour cét effet toutes requifitions & diligences ne-

ceſſaires : CAR tel eſt noſtre plaiſir. DONNE' à
Paris le treiziéme iour de Iuin, l'an de grace 1644.
Et de noſtre regne de deuxiéme. Signé, LOVIS:
Et plus bas, Par le Roy, la Reyne Regente ſa Mere
preſente, DE GVENEGAVD: Et à coſté eſt écrit:

Regiſtrées en la Cour des Aydes, oüy le Procureur Gene-
ral du Roy, pour eſtre executées ſelon leur forme & teneur,
à la charge que les Bourgeois de la Ville de Paris ne pour-
ront eſtre contraints pour les bois prouenans de leur cru, &
qu'ils feront venir pour leur prouiſion, de payer autre
droiċt que les huiċt ſols de la Subuention, ſuiuant les De-
claration & Tarif verifiez en la Cour le 27. May 1642.
à peine de concuſſion, ſi leſdits Bourgeois ne ſe ſeruoient du
miniſtere deſdits Mouleurs ou Chargeurs de Bois, auquel
cas leſdits Bourgeois ſeront tenus les payer de leurs ſalai-
res, à raiſon de leurdit trauail: Comme auſſi a fait inhi-
bitions & defenſes auſdits Mouleurs & Chargeurs, de
prendre & leuer aucuns droiċts que ceux qui leur ſont at-
tribuez en vertu deſdits Arreſts, Reglemens & Tarif ve-
rifiez en la Cour: & ſur l'oppoſition, ordonné que les par-
ties ſe pouruoiront pardeuers le Roy, ſuiuant l'Arreſt du
iourd'huy. Donné à Paris en ladite Cour des Aydes le
ſixiéme iour de Iuillet mil ſix cens quarente-quatre.

Signé, BOVCHER.

Regiſtrées au Greffe de la Ville ſelon leur forme & te-
neur, oüy & ce conſentant le Procureur du Roy & d'icelle,
pour iouir par leſdits Commiſſaires Controlleurs Iurez
Mouleurs, Cordeurs & Chargeurs de Bois en charrettes,
de l'effet & contenu audit Ediċt, à la charge que tous les
differends qui naiſtront entre leſdits Officiers pour raiſon
de leurs droiċts tant anciens que de nouuelle attribution,
ſeront iugez au Bureau de la Ville en premiere inſtance,
priuatiuement à tous autres Iuges, leſquels Officiers ne
pourront

*ourront prendre plus grands droicts que ceux qui leur sont
attribuez par ledit Edict, à peine de concuſſion : Et ſur l'oppoſition formée par les Marchands de Bois floté ſe pourroi-
ront ſur icelle pardeuers le Roy & Noſſeigneurs de ſon Conſeil, ſuiuant l'acte donné au Bureau de ladite Ville, ce
iourd'huy Mardy douziéme iour de Iuillet mil ſix cens
quarente-quatre. Signé, LE MAIRE.*

EXTRAICT DES REGISTRES
de la Cour des Aydes.

VEV par la Cour les Lettres Patentes du Roy
en forme d'Edict, données à Paris au mois de
Féurier 1644. Signées, LOVIS : & plus
bas, Par le Roy, la Reyne Regente ſa Mere preſente, DE GVENEGAVD : à coſté, viſa, & ſcellées
du grand Seau de cire verte ſur lacs de ſoye : Par leſquelles, & pour les cauſes y contenuës, ſa Majeſté,
de l'Aduis de ladite Dame Reyne & de ſon Conſeil, a
creé & erigé en tiltre d'Office formé, Quarente-neuf
Offices de Commiſſaires Controlleurs Iurez Mouleurs, Compteurs, Cordeurs, Meſureurs & Viſiteurs
de toutes ſortes de bois tant neuf que floté, à bruler
& baſtir, & autres ſpecifiez, amenez tant par eau que
par terre, & déchargez aux Ports & Places de la Ville
de Paris, Fauxbourgs & banlieuë d'icelle, pour iouïr
par les pourueus deſdits Offices des meſmes priuileges, droicts, profits & émolumens dont iouïſſent les
Cinquāte-vn anciens Iurez Mouleurs, Compteurs,
Cordeurs & Viſiteurs deſdits bois, & qui leur ſont
attribuez par les Edicts, Declarations, Arreſts & Reglemens ſur ce faits; Les vnit & incorpore enſemble,
pour ne faire à l'aduenir qu'vn ſeul & meſme corps,

C

& attribuë aufdits anciens, la qualité de Commiffaires Controlleurs : Que les Marchands, Voicturiers
& Mariniers, à l'inftant de l'arriuée de leurs bateaux
& marchandifes de bois, feront tenus d'enuoyer au
Bureau defdits Commiffaires pour ce eftably, faire
leurs declarations de la quantité & qualité defdites
marchandifes amenées, pour icelles eftre veuës, vifitées & controllées ; auec defenfes aufdits Marchands de les faire décharger auant lefdites vifites &
controlles, à peine de confifcation & d'amende :
Comme auffi creé en tiltre d'Office formé, Quarète-
fix Iurez Chargeurs de bois en charrettes és Ports de
la Tournelle, au Plaftre, la Gréue, l'Efcole Sainct
Germain & Mallaquez de ladite Ville, aux fonctions
& exercices, priuileges & droicts dont iouyffent les
foixante-vnze Iurez Chargeurs de bois efdits ports,
pour auec eux faire le nombre de cent dix-fept, &
tous enfemble ne faire qu'vn feul & mefme corps, &
pour ce les anciens Chargeurs de bois dudit Port de
l'Efcole, payeront aux anciens Chargeurs dudit Port
de la Tournelle, la fomme de Trente-fept mil cinq
cens liures, à quoy ils auroient entr'eux reglé le dé-
dommagement pour la diminution du prix de leurs
charges, à caufe de ladite reünió ; & outre ce, attribuë
les droicts de la Ferme de la Subuention fur lefdits
bois aufdits deux Corps & Communautez, fçauoir
aufdits Cent Commiffaires Controlleurs Iurez Mouleurs, Compteurs, Cordeurs, cinq fols pour voye
de toutes fortes de bois à bruler, & aufdits Cent dix-
fept Chargeurs, trois fols pour voye, à quoy le fol
pour liure de ladite Ferme de la Subuention pour lefdits bois à bruler a efté reglé par le Tarif arrefté au
Confeil : & en outre, attribuë aufdits cent Commiffaires Controlleurs Iurez Mouleurs, Compteurs,
Cordeurs, Mefureurs & Vifiteurs, le fol pour liure

de ladite Ferme, fur tous les bois à baftir, en poultres, foliues & autres fpecifiez par ledit Tarif, foit qu'il foit du cru de France, ou pays eftranger, Reuoquant pour cét effet le bail de la Ferme de la Subuention, Et fans prejudicier aux deux fols pour liure ordonnez eftre leuez par augmentation fur ladite Subuention: Le tout ainfi que plus au long eft contenu efdites Lettres, addreffantes à ladite Cour pour la verification & enregiftrement d'icelles. Conclufion du Procureur General du Roy: Tout veu & confideré, LA COVR a ordonné & ordonne lefdites Lettres eftre regiftrées au Greffe d'icelle, pour eftre executées felon leur forme & teneur: A la charge neantmoins que les Marchands de bois pourront véndre leurfdits bois en la maniere accouftumée, fans qu'ils foient obligez de faire aucune declaration és Bureaux defdits Cent Commiffaires Controlleurs Iurez Mouléurs, Cordeurs & Chargeurs de bois, lefquels ne pourront prendre & perceuoir, ny les Cent dix-fept Chargeurs, aucuns droicts fur les perches & defbacles qui feruent aux Marchands de bois à conduire & amener le bois en trains en cette Ville de Paris; Et à la charge auffi que les Bourgeois de ladite Ville ne pourront eftre contrains pour la prouifion de leurs Maifons, de payer autres droicts que les huict fols de la Subuention, fuiuant la Declaration & Tarif verifiez en la Cour le 27. May 1642. A fait inhibitions & defenfes aufdits Officiers d'en exiger dauantage, à peine de concuffion, & fans approbation des deux fols pour liure ordonnez eftre leuez par Arreft du Confeil du 25. Féurier 1643. par augmentation fur ladite Subuention. ORDONNE auffi ladite Cour, qu'és procez & differends qui interuiendront en execution du prefent Edict, les parties fe pouruoiront pardeuant le Preuoft des Marchands

de ladite Ville en premiere inſtance, & par appel en la
Cour, à la reſerue de ceux de ladite Subuention, pour
raiſon deſquels en premiere inſtance les parties ſe
pouruoiront pardeuant les Eleus de Paris, & par appel en la Cour. FAICT à Paris en ladite Cour des
Aydes, le ſixiéme May 1644.
> Signé, BOVCHER.

***

EXTRAICT DES REGISTRES
de la Cour des Aydes.

VEV par la Cour les Lettres Patentes du Roy
en forme d'Edict, données à Paris au mois de
Féurier 1644. Signées, LOVIS : Et plus
bas, Par le Roy, la Reyne Regente ſa Mere preſente, DE GVENEGAVD : & à coſté, viſa, & ſcellées du grand Seau de cire verte ſur lacs de ſoye : Par
leſquelles, & pour les cauſes y contenuës, ſa Majeſté, de l'Aduis de ladite Dame Reyne & de ſon Conſeil, auroit creé & erigé en tiltre d'Office formé,
Quarente-neuf Offices de Commiſſaires Controlleurs Iurez Mouleurs, Compteurs, Cordeurs, Meſureurs & Viſiteurs de toutes ſortes de bois tant neuf
que floté, à baſtir & bruler, & autres ſpecifiez, amenez tant par eau que par terre, & déchargez aux
Ports & Places de cette Ville & Fauxbourgs de Paris
& Banlieuë d'icelle, pour joüir par les pouruens deſdits Offices, des meſmes priuileges, droicts, profits
& émolumens dont iouïſſent les Cinquante-vn anciens Iurez Mouleurs, Compteurs, Cordeurs & Viſiteurs deſdits bois, & qui leur ſeront attribuez par
les Edicts, Declarations, Arreſts & Reglemens ſur
ce faits ; les vnir & incorporer enſemble, pour ne faire

à l'auenir qu'vn feul & mefme corps; & attribuë aufdits anciens la qualité de Commiffaires Controlleurs: Que les Marchands Voicturiers & Mariniers,
à l'inftant de l'arriuée de leurs batteaux & marchandifes de bois, feront tenus d'enuoyer au Bufeau defdits Commiffaires pour ce eftably, faire leur declaration de la quantité & qualité defdites marchandifes
amenées, pour icelles eftre veuës, vifitées & controllées ; auec defenfes aufdits Marchands de les faire
décharger auant lefdites vifites & controlles, à peine
de confifcation & d'amende, Comme auffi creé en
tiltre d'Office formé, Quarente-fix Iurez Chargeurs
de bois en charrettes és Ports de la Tournelle, le Plaftre, la Gréue, l'Efcole S. Germain & Mallaquez de
ladite Ville, aux fonctions, exercices, priuileges &
droicts dont jouïffent les Soixante & vnze Iurez de
bois efdits Ports, pour auec eux faire le nombre de
Cent dix-fept, & tout enfemble ne faire qu'vn feul
& mefme Corps ; & pour ce les anciens Chargeurs
de bois dudit Port de l'Efcole, payeront aux anciens
Chargeurs dudit Port de la Tournelle, la fomme de
Trente-fept mil cinq cens liures, à quoy ils auroient
entr'eux reglé le dédõmagement pour la diminution
du prix de leurs charges, à caufe de ladite reünion; Et
outre ce, attribuë les droicts de la Subuention fur lefdits bois, aufdits deux Corps & Communautez; Sçauoir aufdits Cent Commiffaires Controlleurs Iurez
Mouleurs, Compteurs, Cordeurs, cinq fols pour
voye de toutes fortes de bois à bruler, & aufdits Cent
dix-fept Chargeurs trois fols auffi pour voye, à quoy
le fol pour liure de ladite Ferme de la Subuentiõ pour
lefdits bois à bruler, a efté reglé par le Tarif arrefté
au Confeil : & en outre, attribuë aufdits Cent Commiffaires Controlleurs Iurez Mouleurs, Compteurs, Cordeurs, Mefureurs & Vifiteurs, le fol

pour liure de ladite Ferme, sur tous les bois à bastir,
en poultres, soliues & autres specifiez par le Tarif,
soit qu'il soit du cru de France ou païs estranger, reuoquant pour cét effet le Bail de la Ferme de la Subuention, & sans preiudicier aux deux sols pour liure
ordonnez estre leuez par augmentation sur ladite
Subuention, le tout ainsi que plus au long est contenu par lesdites Lettres. Arrest de la Cour du 6. May
1644. par lequel elle auroit ordonné lesdites Lettres
estre regiftrées au Greffe d'icelle, pour estre executées selon leur forme & teneur : A la charge neantmoins, que les Marchands de bois pourroient vendre
leurfdits bois, lesquels ne pourrõt prendre ny perceuoir, ny les Cent dix-sept Chargeurs, aucuns droicts
fur les perches & débacles, qui feruent aufdits Marchands de bois à conduire & amener lesdits bois en
trains en cette Ville de Paris : Et à la charge aussi que
les Bourgeois de ladite Ville ne pourront estre con-
traincts pour les bois prouenans de leur cru, & qu'ils
font venir pour la prouifion de leurs maifons, de
payer autres droicts que les huict fols de la Subuention, fuiuant la Declaration & Tarif verifiez en la
Cour le 27. May 1642. Auroit fait inhibitions & defenfes aufdits Officiers d'en exiger dauantage, à peine de concuffion, & fans approbation des deux fols
pour liure ordonnez estre leuez par Arrest du Confeil du vingt-cinquiéme Féurier 1643. par augmentation fur ladite Subuention : Auroit en outre ordonné, que les procez & differends qui interuiendroient
en execution du prefent Edict, les parties fe pouruoi-
roient pardeuant le Preuoft des Marchands de ladite
Ville en premiere inftance, & par appel en la Cour, à
la referue de ceux de ladite Subuention, pour raifon
defquels en premiere inftance les parties feroient te-
nuës fe pouruoir pardeuant les Eleus de Paris, & par

appel en la Cour. Autres Lettres en forme de Iuſſion, données à Paris le 13. Iuin 1644. Signées,
L O V I S : Et plus bas, Par le Roy, la Reyne Regente ſa Mere preſente, DE GVENEGAVD, &
ſeellées du grand Seau de cire jaune : Par leſquelles
ſa Majeſté a mandé par icelles à ladite Cour, qu'en
vertu deſdites Lettres, qui luy ſeruiront de premiere,
ſeconde, troiſiéme & finale Iuſſion, & de tous commandemens plus exprés & abſolus, ſans s'arreſter
aux cauſes & motifs dudit Arreſt du ſixiéme May
dernier, interuenu ſur leſdites Lettres Patentes en
forme d'Edict du mois de Féurier audit an, portant
creation de Quarente-neuf Offices de Commiſſaires
Controlleurs, & Quarente-ſix Iurez Chargeurs, elle
euſt, toutes affaires ceſſans, à proceder à la leuée des
modifications y contenuës, & faire regiſtrer purement & ſimplement ledit Edict, & iceluy faire executer ſelon ſa forme & teneur. Requeſte des Marchands de bois à baſtir de cette Ville de Paris, à ce
qu'ils fuſſent receus parties interuenantes à la verification de ladite Declaration, & y faiſant droict, faire defenſes auſdits Mouleurs de bois d'exiger plus
grands droicts que ceux portez par le Tarif verifié
en la Cour le 27. May 1642. Acte d'oppoſition formé au Greffe de ladite Cour par la Communauté des
Marchands de bois flotté, du vingt-huictiéme Iuin
dernier, ſignifié au Procureur general ledit iour &
an. Leurs cauſes d'oppoſitions & autres pieces.
Concluſions du Procureur general du Roy, tant ſur
ladite Iuſſion que Requeſte deſdits Marchands.
Tout veu & conſideré, LA COVR a ordonné leſdites Lettres eſtre regiſtrées au Greffe d'icelle, pour
eſtre executées ſelon leur forme & teneur: A la charge que les Bourgeois de ladite Ville de Paris ne pourront eſtre contraints pour les bois prouenans de leur

crû, & qu'ils feront venir pour leur prouifion, de payer autres droicts que les huict fols de la Subuen-tion, fuiuant la Declaration & Tarif verifiez en la Cour le 17. May 1642. à peine de concuffion, fi lefdits Bourgeois ne fe feruoient du miniftere defdits Mouleurs ou Chargeurs de bois, auquel cas lefdits Bourgeois feront tenus les payer de leurs falaires, à raifon de leurdit trauail. Comme auffi a fait inhibi-tions & defenfes aufdits Mouleurs & Chargeurs, de prendre & leuer aucuns droicts que ceux qui leur font attribuez en vertu defdits Edicts, Arrefts, Re-glemens & Tarif verifiez en la Cour: Et fur l'oppo-fition, ordonne que les parties fe pouruoiront par-deuers le Roy. FAICT à Paris en ladite Cour des Aydes le fixiéme iour de Iuillet mil fix cens quaren-te-quatre. Signé, BOVCHER.

A TOVS ceux qui ces prefentes Lettres ver-ront : Macé le Boullanger, Seigneur de Neu-moulin, Quinquempoix, Mafflée, Fercourt & Viar-me, Confeiller du Roy en fes Confeils d'Eftat & Priué, Prefident és Enqueftes de fa Cour de Parle-ment, Preuoft des Marchands, & les Efcheuins de la Ville de Paris, Salut. Sçauoir faifons, Que veu par Nous au Bureau de la Ville, les Lettres Patentes du Roy en forme d'Edict, données à Paris au mois de Féurier, année prefente 1644. fignées, LOVIS: Et plus bas, Par le Roy, la Reyne Regente fa Mere prefente, DE GVENEGAVD, & à cofté, vifa, & feellées du grand Seau de cire verte fur lacs de foye: Par lefquelles & pour les caufes y contenuës, fa Majefté, de l'Aduis de ladite Dame Reyne & de fon Confeil, auroit creé & erigé en tiltre d'Office for-mé, Quarente-neuf Offices de Commiffaires Con-

trolleurs

trolleurs Iurez, Mouleurs, Compteurs, Cordeurs,
Visiteurs & Mesureurs de toutes sortes de bois, tant
neuf que flotté, à bastir, à bruler, & autres y specifiez, amenez tant par eau que par terre, & déchargez aux Ports & Places de cette Ville de Paris, Faux-
bourgs & Banlieuë d'icelle, pour jouïr par les pourueus desdits Offices, des mesmes priuileges, droicts,
profits & émolumens dont jouïssent les Cinquante-
vn anciens Iurez Mouleurs, Compteurs, Cordeurs
& Visiteurs desdits bois, & qui leur seront attribuez
par les Edicts, Declarations, Arrests & Reglemens
sur ce faits : les vnit & incorpore ensemble, pour ne
faire à l'aduenir qu'vn seul & mesme Corps, & attribuë ausdits anciens la qualité de Commissaires Controlleurs, & qu'à cét effet les Marchands, Voicturiers & Mariniers à l'instant de l'arriuée de leurs bateaux & marchandises de bois, seront tenus d'enuoyer au Bureau desdits Commissaires pour ce esta-
bly, faire leur declaration de la qualité & quantité
desdites marchandises, pour icelles estre veuës, vi-
sitées & controllées, auec defenses ausdits Marchands de les faire décharger auant lesdites visites
& controlles, à peine de confiscation & d'amende.
Comme aussi creé en tiltre d'Office formé, Quarente-six Iurez Chargeurs de bois en charrettes, és
Ports de la Tournelle, au Plastre, la Gréue, l'Escole
S. Germain & Malaquais de ladite Ville, aux fonctions, exercice, priuileges & droicts dont jouïssent
les Soixante-vnze Iurez Chargeurs de bois esdits
Ports, pour auec eux faire le nombre de Cent dix-
sept, & tous ensemble ne faire qu'vn seul & mesme
Corps : & pource les anciens Chargeurs de l'Escole,
payeront ausdits anciens Chargeurs du Port de la
Tournelle, la somme de Trente-sept mil cinq cens
liures, à quoy ils ont esté entr'eux reglez pour le dé-

D

dommagement que lefdits Chargeurs de bois du
Port de la Tournelle, pouuoient pretendre pour la
diminution du prix de leurs charges à caufe de ladite
reünion : Et outre ce, attribuë les droicts de la Ferme
de la Subuention fur lefdits bois, fçauoir aufdits Cent
Commiffaires Iurez Mouleurs, cinq fols pour voye
de toute forte de bois à bruler feulement, & aufdits
Cent dix-fept Chargeurs de bois, trois fols de toutes
fortes defdits bois à bruler, à quoy le fol pour liure
de la Ferme de ladite Subuention pour ledit bois à
bruler a efté reglé par le Tarif arrefté au Confeil : Et
en outre attribuë aufdits Cent Commiffaires Controlleurs Iurez Mouleurs, Compteurs, Cordeurs,
Mefureurs & Vifiteurs, le fol pour liure de ladite
Ferme, fur tous les bois à baftir, en poultres, foliues,
& autres fpecifiez par ledit Tarif, reuoquant pour
cét effet le Bail de la Ferme de la Subuention, & fans
preiudicier aux deux fols pour liure ordonnez eftre
leuez par augmentation fur ladite Subuention, le
tout ainfi qu'il eft plus au long contenu par lefdites
Lettres d'Edict à nous addreffantes : Autres Lettres
de fa Majefté interuenuës fur l'enregiftrement dudit
Edict en la Cour des Aydes, en datte du 13. Iuin audit
an 1644. fignées comme deffus, & feellées fur fimple queuë du grand Sceau de cire jaune, par lefquelles
fa Majefté, de l'Aduis de ladite Dame Reyne Regente, mande, ordonne & enjoint tres-expreffément à
ladite Cour des Aydes, qu'elle veut leur feruir de premiere, feconde, derniere & finale Iuffion, & de tous
commandemens plus exprés & abfolus qu'ils en
pourroient attendre de fadite Majefté, que fans s'arrefter aux caufes & motifs dudit Arreft de verification, ils ayent toutes affaires ceffans & poftpofez, à
proceder à la leuée des modifications y contenuës, &
faire regiftrer purement & fimplement ledit Edict, &

iceluy faire executer selon sa forme & teneur. Autre
Arrest interuenu sur lesdites Lettres de Iussion, por-
tant que lesdites Lettres seront regiftrées au Greffe
d'icelle Cour, pour eftre executées selon leur forme
& teneur : A la charge que les Bourgeois de ladite
Ville de Paris ne pourroient eftre contraints pour les
bois prouenans de leur cru , & qu'ils font venir pour
leur prouision, de payer autre droict que les huict
fols de la Subuention, fuiuant la Declaration & Tarif verifiez en ladite Cour le vingt - feptiéme May
1642. à peine de concuffion , fi lefdits Bourgeois ne
fe feruoient du miniftere defdits Mouleurs & Chargeurs de bois, auquel cas lefdits Bourgeois feront tenus les payer à raifon de leur trauail : Faifant auffi
inhibitions & defenfes aufdits Mouleurs & Chargeurs de bois , de prendre & leuer autres droicts que
ceux qui leur font attribuez. Oppofition formée au
Greffe de la Ville , à la requefte de Guillaume & Nicolas Philippes, Nicolas Gaillard, Iean Boife, Lau-
rens & François Vezinier & autres Marchands de
bois flotté pour la prouifion & fourniture de ladite
Ville de Paris, à l'enregiftrement dudit Edict, pour
les caufes & raifons à deduire en temps & lieu, fi-
gnifiée le huictiéme des prefens mois & an. Arreft du Confeil du neufiéme dudit mois , par lequel
il nous eft ordonné de proceder inceffamment , &
tous affaires ceffans, à l'enregiftrement dudit Edict,
fans affembler le Confeil de la Ville, ce que fa Majefté nous defend tres-expreffement, à peine de refpon-
dre du retardement de fon feruice. Conclufions du
Procureur du Roy & de la Ville, auquel le tout a efté
communiqué, Novs auons ordonné que lefdites
Lettres d'Edict & Iuffion fur iceluy, feront regiftrées
au Greffe de ladite Ville felon leur forme & teneur,
pour jouïr par lefdits Commiffaires Controlleurs

Iurez Mouleurs Cordeurs & Chargeurs de bois en charrettes, de l'effet & contenu audit Edict & Lettres de Iuſſion : à la charge que tous les differends qui naiſtront entre leſdits Officiers, pour raiſon de leurs droicts, tant anciens que de nouuelle attribution, ſeront iugez au Bureau de la Ville en premiere inſtance, priuatiuement à tous autres Iuges, leſquels Officiers ne pourront prendre plus grands droicts que ceux qui leur ſont attribuez par ledit Edict, à peine de concuſſion : Et ſur l'oppoſition formée par leſdits Marchands de bois flotté, ordonnons qu'ils ſe pouruoiront ſur icelle pardeuers le Roy & Noſſeigneurs de ſon Conſeil. En témoin de ce, nous auons mis à ces preſentes le Scel de ladite Preuoſté des Marchands. CE fut fait & donné au Bureau de la Ville, le Mardy douziéme iour de Iuillet mil ſix cens quarente-quatre. Signé, LE MAIRE, & ſcellé.

DECLARATION DV ROY, POR-tant Reglement des droicts & ſalaires que doiuent prendre à l'aduenir les Iurez Mouleurs, Compteurs, Cordeurs & Viſiteurs de Bois, les Chargeurs de Bois en charretes, Meſureurs & Porteurs de Charbons, Courtiers de Vins, & Iurez de la marchandiſe de Foing de la Ville de Paris. Verifiée en la Cour des Aydes le 8. Iuillet 1638. Et regiſtrée en l Hoſtel de ladite Ville le deuxiéme Mars mil ſix cens trente-neuf.

LOVIS par la grace de Dieu Roy de France & de Nauarre, A tous ceux qui ces preſentes Lettres verront, Salut. Par noſtre Edict du mois de Féurier 1633. regiſtré où beſoin a eſté, nous auons, pour les confiderations y contenuës, entr'autres chofes difpenfé & déchargé les Officiers de Police eftablis en l'Hoftel de noftre bonne Ville de Paris, de la rigueur & fujettion à laquelle ils eftoient abftraints d'aller en perfonnes refigner leurs Offices audit Hoftel de noftredite Ville de Paris, laquelle ayant efté par vne longue fuite d'années, grandement accruë & augmentée, tant en Edifices & Baftimens publics, qu'en nombre de perfonnes, Auons en cette confideration accreu & augmenté à ladite proportion, le nombre des Officiers de Police dudit Hoftel de Ville, creez & erigez par noftredit Edict à l'inftar des anciens, afin que le public puiffe eftre plus promptement & commodément feruy, & pourueu de tout ce qui luy eft neceffaire pour fa fubfiftance : aufquels Officiers anciens & nouueaux, aurions par iceluy Edict attribué le parifis de tous les droicts, émolumens & falaires dont jouiffoiët lefdits anciens Officiers. En la perception duquel parifis, ayans efté bien informez par les diuerfes plaintes qui nous en ont efté faites, que la plufpart d'iceux Officiers de Police, commettoient plufieurs exactions fur le public, fous pretexte de ce que ladite augmentation du parifis n'eft liquidée à vn pied certain & arrefté, qui puiffe eftre bien recognu par les Bourgeois, leurs domeftiques & autres, qui font les prouifions de leurs familles. Et auffi que les Iurez Vendeurs, Prifeurs, Poifeurs & Compteurs de la Marchandife de Foing en noftredite Ville, exigeoient des Marchands dudit Foing beaucoup plus qu'il ne leur eftoit attribué, Nous aurions cy-deuant fait expedier nos Lettres de Commiffions pour la recherche defdites exactions & reftitutions des deniers par lefdits Officiers induëment pris & perceus. Mais ayant depuis confideré que lefdits recherches apporteroient des

grands troubles & incommoditez à diuerfes familles
defdits Officiers, & peu d'vtilté au public, nous
auons eftimé eftre plus à propos de reuoquer ladite
Commiffion, & defcharger iceux Officiers de ladite recherche, & de toutes recherches & reftitutions
efquelles ils pourroient eftre tenus pour ce fujet ; regler & arrefter leurs droicts & falaires à vn pied certain, qui ne puiffe plus eftre excedé à l'aduenir par
lefdits Officiers, & attribuer à iceux quelques mo-
diques augmentations de leurfdits droicts, propor-
tionné à leur labeur & au feruice qu'ils font obligez
de rendre au public, confideré mefmes que les droicts
cy-deuant attribuez aufdits Officiers, font fort mo-
diques, eu égard au temps prefent, auquel toutes
fortes de denrées, marchandifes & autres chofes
neceffaires pour l'entretien de la focieté ciuile, font
beaucoup augmentées de leur ancien prix & va-
leur; & au furplus, les confirmer en la iouïffance de
leurfdits droicts, émolumens & falaires, tant anciens
que nouueaux. De l'execution duquel reglement &
confirmation (tres-iufte & neceffaire au public) ainfi que nous auons efté plainement informez, nous
pouuons retirer defdits Officiers quelques fommes
de deniers, pour employer aux frais de la guerre &
autres vrgentes neceffitez de cét Eftat : A CES
CAVSES, Sçauoir faifons, Qu'apres auoir fait
mettre cette affaire en deliberation en noftre Confeil, où eftoient aucuns Princes, Officiers de la
Couronne, & autres grands & notables Perfonna-
ges : De leurs Aduis & de noftre certaine fcience,
plaine puiffance & authorité Royale, N o v s auons
par ces prefentes fignées de noftre main, reuoqué
& reuoquons nos Lettres de Commiffion cy-deuant
expediées pour la recherche des deniers indeuëment
pris & perceus, outre & par deffus les droicts, émo-

lumens & falaires qui ont esté attribuez ausdits Officiers, lesquels nous auons deschargé & deschargeons de toutes restitutions esquelles ils pourroient
estre tenus pour ce regard : Lesquels droicts, émolumens & falaires, nous auons reglé, limité & liquidé, reglons, limitons & liquidons ainsi qu'il ensuit :
C'est à sçauoir ; Ceux des Iurez Mouleurs, Compteurs, Córdeurs & Visiteurs de Bois de nostredite
Ville, à six fols pour chacune voye de bois de corde :
trois fols aussi pour voye composée de deux cens de
cotterets ou fagots, & pareils six fols pour chacune
voye de bois de mousle & de trauerse, qui arriueront
tant par eau que par terre en nostredite Ville de Paris, Faux-bourgs & banlieuë d'icelle, & où le Fermier de la busche prend son droict : desquels droicts
& falaires lesdits Officiers seront payez en la forme
& maniere accoustumée ; sçauoir, des bois de corde,
mousle & trauerse, par les Vendeurs & Achepteurs
également par moitié, & des cotterets & fagots,
par le Vendeur seul, pour ce qu'il vendra en charrette, à la bardée, à la piece, ou autrement, dont il luy
sera loisible de recouurer moitié sur l'Achepteur. Les
droicts des Iurez Chargeurs de bois en charrette, à
quatre fols pour voye de toutes sortes de bois, dont
ils seront payez par l'Achepteur de ladite voye de
bois, qui sera chargée & conduite en charrette, ou
portée à col par gaigne-deniers, aux Ports où lesdits
Chargeurs sont establis : Lesquels Chargeurs demeureront dans leurs limites distinctement, sans
pouuoir changer d'icelles, ny s'vnir & entreprendre les vns sur les autres, selon l'ordre & regles de
leurs establissemens & reglemens. Les droicts des
Iurez Mesureurs de Charbon de bois & de terre entrans en nostredite Ville de Paris & Faux-bourgs d'i-
celle, à douze deniers pour le mesurage de chacun

minot defdits Charbons de bois & de terre arriuans,
& qui feront vendus & liurez en noftredite Ville &
Faux-bourgs de Paris, en bateaux, charrettes, fur
cheuaux ou autrement : lefdits douze deniers payables moitié par le Vendeur, & l'autre moitié par
l'Achepteur : outre lequel droict, iouïront lefdits
Mefureurs, de la fachée contenant trois minots de
Charbon de bois, pour leur chaufage, enfemble des
vingt fols parifis pour le droict de gros, qui leur ont
efté de tout temps baillez & payez par les Marchands, pour chacun bateau : & pourront iceux Mefureurs proceder par faifies & arrefts des Charbons
qui auront efté vendus en gros, fans auoir efté par
eux mefurez en la maniere accouftumée, conformément aux Reglemens dudit Hoftel de Ville, confirmez par Arreft de noftre Cour de Parlement du 18.
Aouft 1635. qui feront gardez & obferuez enuers &
contre tous. Les droicts des Iurez Porteurs defdits
Charbons, à fix fols pour le portage à col, par eux ou
leurs plumets, de chacune voye compofée de deux
minots de charbon de bois, tant prés que loin des
Ports & Places : cinq deniers pour pareil portage de
chacun demy minot dudit charbon de terre, depuis
les bateaux iufques au bord de terre, ou defdits bateaux en autres ; & dix-huict deniers pour mefme
portage à col, des bateaux audit bord de terre, de
chaque minot de charbon de bois enleué indifferemment par toutes fortes de perfonnes : le tout payable
par ceux pour lefquels feront faits lefdits portages.
Les droicts des Iurez Courtiers de Vins de noftredite Ville, à l'inftar de ceux d'Orleans, Amiens, Roüen
& Bordeaux, à cinq fols pour tout droict de courtage de chacun muid ou demie queuë de Vin, Verjus,
Vin gafté & Cidres, qui feront vendus en gros, tant
aux Ports, bateaux, & places publiques, qu'és

courts

courts, caues, folles, celliers & autres lieux particuliers de noftredite Ville & Fauxbourgs de Paris, foit
que lefdits Courtiers foiēt appellez ou non à la vente
defdits Vins & liqueurs : defquels cinq fols ils feront
payez par tous Marchands priuilegiez & non priuilegiez, & autres Vendeurs en gros efdits lieux publics & particuliers : Faifant tres-expreffes inhibitions & defenfes à tous Tonneliers, Defchargeurs
de Vin, & autres perfonnes, d'affifter ny conduire
les Vendeurs & Achepteurs defdits Vins & liqueurs,
en aucuns des fufdits lieux, piquer, goufter, bailler
à goufter, faire achepter, ny s'entremettre aux ventes & achapts d'iceux Vins & liqueurs, foit deuant
ou apres lefdites ventes & achapts, ny en l'exercice
& fonction defdits Courtiers, en quelque forte que
ce foit, à peine de cinq cens liures d'amende enuers
eux, & de banniffement defdits lieux ; A tous Marchands Forains & autres, de faire aucune vente de
Vin qu'à l'heure ordinaire de la vente, conformément aux Ordonnances & Reglemens fur ce faits, &
de celer, cacher, ny latiter par lefdits Marchands, les
Vins & liqueurs qu'ils voudront vendre en gros, ains
en donner aduis aufdits Courtiers en leur Bureau, &
leur declarer au vray le nombre qu'ils en auront vendu, fur mefme peine de cinq cens liures d'amende
auffi enuers eux, & de confifcation d'iceux Vins &
liqueurs : Lequel droict de cinq fols pour muid ou
demie queuë de Vin & liqueurs fufdits, nous voulons leur eftre payez incontinent apres que lefdites
ventes feront faites : enfemble des Vins que les Hofteliers & Cabaretiers priuilegiez & non priuilegiez,
acheptent aux champs pour debiter en détail, tout
ainfi que s'ils les auoient acheptez fur lefdits Ports
& Places : Et à cét effet, tous lefdits Marchands en
gros, Hofteliers & Cabaretiers priuilegiez & non

E

priuilegiez, bailleront declaration audit Bureau, si-
gnée d'eux ou de leurs principaux seruiteurs, des
Vins qui leur arriueront, dont lesdits Courtiers tiendront regiſtres, les Extraicts desquels feront executoires contre lesdits Marchands en gros, Hoſteliers
& Cabaretiers. Les droicts des Iurez Vendeurs, Prifeurs, Poiſeurs & Compteurs de Foing de noſtredite Ville, ausquels nous attribuons par ces preſentes
la qualité de Controlleurs de ladite marchandiſe de
Foing, à six fols pour chacun cent dudit Foing, dõt ils
feront payez par les Marchands Vendeurs, ausquels
il fera loiſible de fe faire rembourſer de moitié par les
Achepteurs. De tous lesquels fuſdits droicts, émolumens & falaires, nous voulons que lesdits Officiers de Police iouïſſent, & iceux entant que befoin
eſt ou feroit, leur auons attribué & attribuons par
cefdites preſentes, mefmes iceux vnis & incorporez,
vniſſons & incorporons à leurſdites charges, fans
qu'à l'aduenir ils en puiſſent eſtre depoſſedez pour
quelque cauſe & occaſion que ce foit; Et fans auſſi
que lefdits Officiers puiſſent prendre ny exiger plus
grands droicts, émolumens & falaires que ceux cy-
deſſus reglez & attribuez, fous pretexte des taxes
qui pourroient auoir eſté faites fur eux, foit par Arreſts, Iugemens, ou autres Reglemens, lesquels nous
auons reuoqué & reuoquõs pour ce regard; Ny que
lefdits Officiers de Police, puiſſent eſtre cy-apres
taxez à plus grandes fommes que celles qu'ils payent
à preſent aux Preuoſt des Marchands & Eſcheuins
de noſtredite Ville de Paris, pour la diſpẽnfe qu'ils
ont obtenuë de nous fur le fujet des reſignations de
leurſdits Offices. Le tout à la charge de payer par
chacun defdits Officiers, les fommes ausquelles ils
feront pour ce moderément taxez en noſtredit Confeil, dans les termes qui leur feront prefix, & iufques

audit payement, ils ne pourront joüir defdits droicts,
émolumens & falaires cy-deffus fpecifiez, qui feront
pris & perceus par les Porteurs des quittances de Finance defdites taxes, fur leurs fimples recepicez :
Comme auffi à faute de fatisfaire par lefdits Officiers
dans ledit temps prefix, & iceluy paffé, feront contraints à la reftitution de ce qu'ils ont exigé au pardeffus les droicts à eux attribuez : Et fera permis à
toutes fortes de perfonnes de leuer lefdites taxes, &
joüir defdits droicts : & en ce faifant, pourront rembourfer lefdits Officiers des finances qu'ils iuftifieront auoir efté payées en nos Parties Cafuelles pour
la compofition d'iceux, frais & loyaux coufts.

SI DONNONS EN MANDEMENT
à nos amez & feaux Confeillers, les Gens de noftre
Cour des Aydes, Preuoft de Paris, ou fon Lieute-
nant, Preuoft des Marchands & Efcheuins de ladite
Ville, Que ces prefentes ils facent lire, publier & regiftrer, & le contenu en icelles garder & obferuer,
fans fouffrir ny permettre qu'il y foit contreuenu en
aucune forte & maniere que ce foit; faifant joüir lefdits Officiers des fufdits droicts, plainement & pai-
fiblement, nonobftant quelconques Edicts, Declarations, Ordonnances, Statuts, Priuileges, Arrefts
& Reglemens à ce contraires, aufquels & à la déro-
gatoire des dérogatoires y contenuës, nous auons
dérogé & dérogeons par cefdites prefentes, nonobftant auffi oppofitions ou appellations quelconques,
pour lefquelles & fans preiudice d'icelles, ne voulons eftre differé : & defquelles fi aucunes interuiennent, nous nous fommes referuez & referuons la co-
gnoiffance en noftre Confeil d'Eftat, icelle interdite
& defenduë, interdifons & defendons à toutes nos
Cours & Iuges. Et dautant que de cefdites prefentes
on pourra auoir befoin en diuers lieux, voulons

qu'aux copies collationnées par l'vn de nos amez &
feaux Conseillers & Secretaires, foy soit adiouftée
comme à l'original ; auquel afin que ce soit chofe
ferme & ftable à toufiours, nous auons fait mettre
noftre feel, fauf en autres chofes noftre droict, &
l'autruy en toutes. DONNE' à Madril au mois
d'Aouft, l'an de grace mil fix cens trente-fept, & de
noftre regne le vingt-huictiéme. Signé, LOVIS:
Et plus bas, Par le Roy, DE LOMENIE : à cofté
vifa, & feellées du grand Seau de cire iaune. Et encor eft écrit :

*Regiftré en la Cour des Aydes, ouy le Procureur general
du Roy, pour eftre executées felon leur forme & teneur,
fuiuant & aux charges portées par l'Arreft d'icelle du iour-
d'huy, & defenfes y contenuës. A Paris le huictiéme iour
de Iuillet mil fix cens trente-huict.*
                          Signé, BOVCHER.

*Regiftré au Greffe de la Ville, ouy & ce confentant le
Procureur du Roy & d'icelle, pour eftre executées felon
leur forme & teneur, aux charges contenuës en l'Acte de
ce iourd'huy deuxiéme iour de Mars mil fix cens trente-
neuf.* Signé, LE MAIRE.

***

EXTRAICT DES REGISTRES
du Confeil d'Eftat.

SVR ce qui a efté reprefenté au Roy en fon
Confeil, qu'ayant par fes Lettres de Declaration du mois d'Aouft dernier, pour les confiderations y contenuës, reuoqué la Commiffion cy-
deuant expediée pour la recherche des deniers in-

deuëmēt pris & perceus par diuers Officiers de Police de la Ville de Paris, outre & par deſſus les droiɛts,
émolumens & ſalaires à eux attribuez, & iceux deſ-
chargez de toutes reſtitutions auſquelles ils pourroient eſtre tenus pour ce regard; ſa Majeſté auroit
reglé & liquidé à vn pied certain, les droiɛts, émolumens & ſalaires qui doiuent eſtre payez à l'aduenir à
chacun deſdits Officiers de Police, ſelon & ainſi qu'il
eſt plus particulierement contenu par leſdites Lettres de Declaration: leſquelles ayans eſté repreſen-
tées en ſa Cour des Aydes de Paris, pour y eſtre regiſtrées, au lieu de proceder par ladite Cour audit re-
giſtrement, elle auroit ordonné par ſon Arreſt du
vingt-quatriéme Nouembre dernier, que ladite Declaration ſeroɪt communiquée aux Preuoſt des Marchands & Eſcheuins de ladite Ville de Paris, pour ce
fait & communiquée au Procureur general de ſa
Majeſté en ladite Cour, eſtre par elle ordonné ce
que de raiſon. Et bien qu'en conſequence dudit Arreſt, leſdites Lettres de Declaration ayent eſté miſes
és mains dudit Preuoſt des Marchands & Eſcheuins
de ladite Ville de Paris, cinq mois y a : neantmoins
quelques pourſuites & requiſitions qui leur en ayent
eſté faites, ils n'ont iuſques à preſent ſatisfait audit
Arreſt; ce qui apporte vn grand preiudice & retardement aux affaires de ſa Majeſté, laquelle a deſtiné
les deniers qui doiüent prouenir de l'execution deſdites Lettres de Declaration, pour les deſpenſes preſ-
ſées de la guerre. A quoy eſtant beſoin de pouruoir :
LE ROY EN SON CONSEIL, ſans
s'arreſter à l'Arreſt de la Cour des Aydes du vingt-
quatriéme Nouembre dernier, & aux cauſes motiues
d'iceluy, & ſans attendre ſur ce aucun aduis ny reſponſe deſdits Preuoſt des Marchands & Eſcheuins
de ladite Ville de Paris, auſquels ſa Majeſté enjoint

de remettre és mains de ſon Procureur general en ladite Cour des Aydes de Paris, ſefdites Lettres de Declaration du mois d'Aouſt dernier, A ordonné & ordonne, qu'il ſera procedé par ladite Cour des Aydes
de Paris, à l'enregiſtrement pur & ſimple deſdites
Lettres de Declaration, nonobſtant toutes oppoſitions faites ou à faire, deſquelles ſadite Majeſté s'eſt
d'abondant reſervé la cognoiſſance à ſoy & à ſon
Conſeil d'Eſtat, & qu'à cét effet toutes Lettres de
Iuſſion pour ce neceſſaires en ſeront expediées : En-
joignant en outre à ſondit Procureur en ladite Cour
des Aydes, d'en faire les pourſuites neceſſaires, & en
certifier le Conſeil dans huiɛtaine. FAICT au Conſeil d'Eſtat du Roy, tenu à Paris le troiſiéme iour de
Mars mil ſix cens trente-huiɛt. Signé, BORDIER.

IVSSION.

LOVIS par la grace de Dieu Roy de France & de Nauarre, A nos amez & feaux
Conſeillers les Gens tenans noſtre Cour
des Aydes à Paris, Salut. Suiuant l'Arreſt
dont Extraiɛt eſt cy-attaché ſous le contre-ſeel de
noſtre Chancellerie, donné en noſtre Conſeil d'E-
ſtat le troiſiéme iour de Mars dernier; Nous vous
mandons & ordonnons par ces preſentes ſignées de
noſtre main, de proceder à l'enregiſtrement pur &
ſimple de nos Lettres de Declaration du mois d'Aouſt
dernier, portant reglement des droiɛts, émolumens
& ſalaires qui deuoient eſtre payez à l'aduenir à chacun des Officiers de Police, nonobſtant voſtre Arreſt
du vingt-quatriéme Nouembre dernier, les cauſes
motiues d'iceluy, & ſans attendre ſur ce aucun aduis

ny responçe desdits Preuost des Marchands & Escheuins de Paris, ausquels nous enjoignons de remettre és mains de nostre Procureur general en nostredite Cour, lesdites Lettres de Declaration, nonobstant aussi toutes oppositions faites ou à faire, des-
quelles nous nous reseruons d'abondant la cognoissance & à nostre Conseil; Enjoignons audit Procureur general d'en faire les poursuites necessaires, &
en certifier nostre Conseil dans huictaine : CAR
tel est nostre plaisir. DONNE' à S. Germain en
Laye le 24. iour d'Auril, l'an de grace 1638. Et de
nostre regne le vingt-huictiéme. Signé, LOVIS:
Et plus bas, Par le Roy, DE LOMENIE, & seellée
du grand Seau de cire iaune, auec le contre-seel. Et
encor est écrit :

Regiſtrez en la Cour des Aydes, oüy le Procureur Gene-
ral du Roy, pour eſtre executées selon leur forme & teneur,
ſuiuant & aux charges portées par l'Arreſt d'icelle du
iourd'huy, & defenses y contenuës. A Paris le huictiéme
iour de Iuillet 1638.   Signé, BOVCHER.

Regiſtrez au Greffe de la Ville, oüy & ce consentant le
Procureur du Roy & d'icelle, pour eſtre executées selon leur
forme & teneur, aux charges contenuës en l'Acte de ce
iourd'huy deuxieme iour de Mars mil six cens trente neuf.
                    Signé, LE MAIRE.

EXTRAICT DES REGISTRES
de la Cour des Aydes.

VEV par la Cour les Lettres Patentes du Roy
en forme de Declaration, données à Madril au

mois d'Aouſt 1637. Signées , L O V I S : Et plus
bas, Par le Roy, D E L O M E N I E , ſeellées ſur dou-
ble queuë du grand Seau de cire iaune, à la Cour addreſſantes, pour y eſtre vérifiées : Par leſquelles , &
pour les cauſes & conſiderations y contenuës, ſa Majeſté a reuoqué ſes Lettres de commiſſion cy-deuant
expediées pour la recherche des deniers indeuëment
pris & perceus par les Officiers de Police eſtablis en
l'Hoſtel de cette Ville de Paris, outre & par deſſus
les droicts & émolumens à eux attribuez , & les dé-
charge de toutes reſtitutions eſquelles ils pourroient
eſtre tenus pour ce regard ; leſquels droicts , émolumens & ſalaires, ſadite Majeſté auroit reglé & liquidé ainſi qu'il enſuit : Sçauoir, Ceux des Iurez Mouleurs, Compteurs, Cordeurs & Viſiteurs de bois , à
ſix ſols pour chacune voye de bois de corde, trois ſols
auſſi pour voye compoſée de deux cens cotterets ou
fagots, & pareils ſix ſols pour chaque voye de bois de
moule & de trauerſe, qui arriueroient tant par eau
que par terre en ladite Ville de Paris , Fauxbourgs &
Banlieuë d'icelle, & où le Fermier de la buſche prend
ſon droict : Deſquels droicts & ſalaires leſdits Officiers ſeront payez en la forme & maniere accouſtu-
mée ; Sçauoir, des bois de corde, moule & trauerſe,
par les vendeurs & achepteurs égalemēt par moitié,
& des cotterets & fagots , par le vendeur ſeul , pour
ce qu'il en vendra en charrette, à la bardée, à la piece
ou autrement, dont il luy ſera loiſible de recouurer
moitié ſur l'achepteur. Les droicts des Iurez Chargeurs de bois en charrette, à quatre ſols pour voye de
toutes ſortes de bois, dont ils ſeront payez par l'achepteur de ladite voye de bois, qui ſera chargée & conduite en charrette, ou portée à col par gaigne-deniers
aux Ports où leſdits Chargeurs ſont eſtablis : leſquels
Chargeurs demeureront dans leurs limites diſtincte-
ment,

ment, fans pouuoir changer d'icelles, ny s'vnir &
entreprendre les vns fur les autres, felon l'ordre &
regles de leurs eftabliffemens & reglemens. Les
droicts des Iurez Mefureurs de charbons de bois & de
terre entrans en ladite Ville de Paris & Fauxbourgs
d'icelle, à douze deniers pour le mefurage de chacun minot defdits charbons de bois & de terre arriuans, & qui feront vendus & liurez en ladite Ville &
Fauxbourgs de Paris, en bateaux, charretes, fur cheuaux ou autrement, lefdits douze deniers payables
moitié par le vendeur, & l'autre moitié par l'achepteur : Outre lequel droict, jouïront lefdits Mefureurs, de la fachée contenant trois minots de charbon de bois, pour leur chaufage, enfemble des vingt
fols parifis pour le droict de gros, qui leur ont efté de
tout temps baillez & payez par les Marchands pour
chacun bateau. Et pourront iceux Mefureurs proceder par faifies & arrefts des charbons qui auront efté
vendus en gros fans auoir efté par eux mefurez, en la
maniere accouftumée, conformément aux Reglemens dudit Hoftel de Ville, confirmez par Arreft de
la Cour de Parlement du 18. Aouft 1635. qui feront
gardez & obferuez enuers & contre tous. Les droicts
des Iurez Porteurs defdits charbons, à fix fols pour
le portage à col par eux ou leurs plumets, de chacune
voye compofée de deux minots de charbon de bois,
tant prés que loin des Ports & Places, cinq deniers
pour pareil portage de chacun demy-minot dudit
charbon de terre, depuis les bateaux iufques au bord
de terre, ou defdits bateaux en autres, & dix-huict
deniers pour mefme portage à col, des bateaux audit
bord de terre, de chacun minot de charbon de bois, enleué indifferemment par toutes fortes de perfonnes:
le tout payable par ceux pour lefquels feront faits lefdits portages. Les droicts des Iurez Courtiers de

Vins de ladite Ville, à l'inftar de ceux d'Orleans, Amiens, Roüen & Bordeaux, à cinq fols pour tout droict de courtage de chacun muid ou demie queuë de Vin, Verjus, Vin gafté & Cidres, qui feront vendus en gros, tant aux Ports, bateaux & Places publiques, qu'és courts, caues, folles, felliers, & autres lieux particuliers de ladite Ville & Faux-bourgs de Paris, foit que lefdits Courtiers foient appellez ou non à la vente defdits Vins & liqueurs: defquels cinq fols ils feront payez par tous Marchands priuilegiez & non priuilegiez, & autres Vendeurs en gros efdits lieux publics & particuliers: Faifant tres-expreffes, inhibitions & defenfes à tous Tonneliers, Defchargeurs de Vins & autres perfonnes, d'affifter ny conduire les vendeurs & achepteurs defdits vins & liqueurs, en aucuns des fufdits lieux, picquer, goufter, bailler à goufter, faire achepter, ny s'entremettre aux ventes & achapts d'iceux vins & liqueurs, foit deuant ou apres lefdites ventes ou achapts, ny en l'exercice & fonction defdits Courtiers, en quelque forte que ce foit, à peine de cinq cens liures d'amende enuers eux, & banniffement defdits lieux; A tous Marchands Forains & autres, de faire aucunes ventes de vin qu'à l'heure ordinaire de la vente, conformément aux Ordonnáces & Reglemens fur ce faits; & de celer, cacher ny latiter par lefdits Marchands les vins & liqueurs qu'ils voudront vendre en gros, ains en donner aduis aufdits Courtiers en leur Bureau, & de leur declarer au vray le nombre qu'ils en auront vendu, fur mefme peine de cinq cens liures d'amende auffi enuers eux, & de confifcation d'iceux vins & liqueurs. Lequel droict de cinq fols pour muid ou demie queuë de vin & liqueurs fufdites, fa Majefté veut leur eftre payez incontinent apres que lefdites ventes feront faites, enfemble des vins que

les Hofteliers & Cabaretiers priuilegiez & non priuilegiez, acheptent aux champs pour debiter en détail, tout ainfi que f'ils les auoient acheptez fur les
Ports & Places : Et à cét effet, tous lefdits Marchands en gros, Hofteliers & Cabaretiers priuilegiez & non priuilegiez, bailleront declaration audit
Bureau, fignée d'eux ou de leurs principaux ferui-
teurs, des vins qui leur arriueront, dont lefdits Courtiers tiendront regiftres, les extraicts defquels feront
executoires contre lefdits Marchands en gros, Hofteliers & Cabaretiers. Les droicts des Iurez Vendeurs, Prifeurs, Poifeurs & Compteurs de Foing de
ladite Ville, aufquels fadite Majefté attribuë la qualité de Controlleurs de ladite marchandife de Foing,
à fix fols pour chacun cent dudit Foing, dont ils feront payez par les Marchands Vendeurs, aufquels il
fera loifible de fe faire rembourfer de moitié par les
Achepteurs. De tous lefquels fufdits droicts, émolumens & falaires, fadite Majefté veut que lefdits
Officiers de Police jouïffent, & iceux, en tant que
befoin eft ou feroit, les leur attribuë, mefme veut
iceux eftre vnis & incorporez à leurfdites charges,
fans qu'à l'aduenir ils en puiffent eftre depoffedez
pour quelque caufe & occafion que ce foit ; Et fans
qu'iceux Officiers puiffent prendre ny exiger plus
grands droicts, émolumens & falaires que ceux cy-
deffus reglez & attribuez, fous pretexte des taxes qui
pourroient auoir efté faites fur eux, foit par Arrefts,
Iugemens ou autres Reglemens, lefquels fadite Majefté a reuoqué pour ce regard, Ny que lefdits Officiers puiffent eftre cy-apres taxez à plus grandes
fommes que celles qu'ils payent à prefent aux Preuoft des Marchands & Efcheuins de Paris, pour la
difpenfe qu'ils ont obtenuë fur le fujet des refigna-
tions de leurs Offices. Le tout à la charge de payer

par chacun defdits Officiers, les fommes aufquelles
ils feront pour ce moderément taxez au Confeil, dans
les termes qui leur feront prefix : Et iufques audit
payement, ils ne pourront joüir defdits droicts, émolumens & falaires cy-deffus fpecifiez, qui feront pris
& perceus par les Porteurs des quittances de finance
defdites taxes, fur leurs fimples recepicez : Comme
auffi à faute de fatisfaire par lefdits Officiers dans ledit temps prefix, & iceluy paffé, feront contrains à
la reftitution de ce qu'ils ont exigé au pardeffus les
droicts à eux attribuez. Et fera permis à toutes fortes
de perfonnes de leuer lefdites taxes, & iouïr defdits
droicts ; & en ce faifant, pourront rembourfer lefdits
Officiers, des finances qu'ils iuftifieront auoir efté
payées aux parties Cafuelles pour la compofition
d'iceux, frais & loyaux coufts : Le tout ainfi que plus
au long le contiennent lefdites Lettres. VEV les
actes d'oppofitions formées à la verification defdites
Lettres par les Iurez Porteurs de charbon de ladite
Ville, & les vingt-cinq Chargeurs de bois du Port de
l'Efcole, des deux & vingt-troifiéme Octobre dernier. Les caufes & moyens defdites oppofitions. Les
confentemens des Iurez Mouleurs & Cordeurs de
bois, Iurez Chargeurs de bois, Iurez Mefureurs &
Vifiteurs de charbon de bois & de terre, & Iurez
Courtiers de Vins à Paris : enfemble diuers Reglemens concernans les droicts defdits Officiers : Conclufions du Procureur general : Arreft de ladite Cour
du 24. Nouembre 1637. par lequel, auant que proceder à ladite verification, & ayant égard aufdites
Conclufions dudit Procureur general, auroit efté ordonné que ladite Declaration & lefdites oppofitions,
feroient communiquées aux Preuoft des Marchands
& Efcheuins de Paris, pour ce faict communiqué audit Procureur general, eftre par ladite Cour ordonné

ce que de raiſon : Arreſt du Conſeil du 3. Mars 1638. par lequel, ſans s'arreſter à l'Arreſt de ladite Cour dudit iour vingt-quatriéme Nouembre, ny aux cauſes motiues d'iceluy, & ſans attendre ſur ce aucun aduis ny reſponſe deſdits Preuoſt des Marchands & Eſcheuins de ladite Ville de Paris, auſquels ſadite Majeſté enjoint de remettre és mains dudit Procureur general, leſdites Lettres de Declaration qui leur ont eſté communiquées, & qu'ils ont retenuës pendant cinq mois, ſans que iuſques à preſent ils ayent ſatisfait audit Arreſt ; auroit eſté ordonné qu'il ſeroit procedé par ladite Cour à l'enregiſtrement pur & ſimple deſdites Lettres de Declaration, nonobſtant toutes oppoſitions faites ou à faire, deſquelles ſadite Majeſté ſe ſeroit d'abondant reſerué la cognoiſſance à ſoy & à ſondit Conſeil, & à cét effet, que toutes Lettres de Iuſſion neceſſaires ſeroient expediées ; enſignant audit Procureur general d'en faire les pourſuites neceſſaires, & en certifier le Conſeil dans huictaine : Lettres de Iuſſion ſur ledit Arreſt du vingt-quatriéme iour d'Auril enſuiuant, par leſquelles eſt mandé à ladite Cour, de proceder à l'enregiſtrement pur & ſimple deſdites Lettres, nonobſtant iceluy Arreſt, les cauſes motiues diceluy, & ſans attendre ſur ce aucun aduis ny reſponſe deſdits Preuoſt des Marchands & Eſcheuins, ainſi qu'il eſt plus au long porté par leſdites Lettres à ladite Cour addreſſantes. Autres actes d'oppoſitions formées à ladite verification, les 21. Nouembre, 15. Decembre 1637. & 27. Ianuier 1638. par les Iurez de la marchandiſe de Foing, les Maiſtres & Gardes de la Communauté des Marchands de Vins, & la Communauté des Maiſtres Tonneliers & Déchargeurs de Vins de Paris : Concluſions dudit Procureur general du Roy, lequel pour ce mandé à la

Chambre, a declaré que ledit Preuoſt des Marchands de la Ville de Paris, auoit eu en ſes mains pendant cinq mois & plus ladite Declaration, pour y dire ce qu'il aduiſeroit bon eſtre : Et tout conſidéré ; LA COVR a ordonné & ordonne, que leſdites Lettres en forme de Declaration & de Iuſſion, ſeront veri-fiées & enregiſtrées au Greffe d'icelle , pour eſtre executées ſelon leur forme & teneur; à la charge que les Meſureurs de charbon prendront les douze de-niers ſur chacun minot dudit charbõ , à eux attribuez par ladite Declaration, ſur le charbon qui par cy-de-uant payoit les huiȼt deniers, auec defenſes de pren-dre aucune choſe ſur le charbon qui ne payoit leſdits huiȼt deniers auparauant ladite Declaration , & que les Porteurs de charbõ ne prendront que dix de-niers pour chacun minot dudit charbon de bois qu'ils porteront des bateaux iuſques au bord de terre, Que les Courtiers de Vins prendront cinq ſols pour cha-cun muid de Vin & autres Vaiſſeaux à l'équipolent ſeulement, & ſans qu'ils puiſſent prendre aucune choſe pour le Vin & autres liqueurs gaſtez : Et ſur l'oppoſition des Chargeurs de bois au Port de l'Eſ-cole, A ordonné & ordonne, que les parties conteſte-ront pardeuãt le Rapporteur du preſent Arreſt, pour eux ouys, leur eſtre fait droiȼt ainſi que de raiſon. Or-donne ladite Cour que Pancartes ſeront faites , miſes & affichées deuant la grande porte de l'Hoſtel de Ville de Paris, Ports & Eſtapes d'icelle, dans leſquel-les les droiȼts reglez par la preſente Declaration, ſe-ront miſes & inſerées ; auec defenſes auſdits Iurez Mouleurs, Compteurs, Cordeurs , Chargeurs de bois, Meſureurs, Porteurs de charbon, Courtiers de Vins, Vendeurs, Priſeurs & Controlleurs de Foing, d'en exiger & prendre de plus grands, ſur peine de punition exemplaire : Et que les differends qui inter-

uiendront en confequence de ladite Declaration, feront traictez & decidez pardeuant les Iuges qui ont
accouftumé d'en cognoiftre en premiere inftance, &
par appel en la Cour. P R O N O N C E' le huictiéme
iour de Iuillet mil fix cens trente-huict. Signé, B o v-
c h e r. Et encor eft écrit:

*Regiftré au Greffe de la Ville, ouy & ce confentant le
Procureur du Roy & d'icelle, pour eftre executées felon
leur forme & teneur, aux charges contenuës en l'Acte de
ce iourd'huy deuxiéme iour de Mars mil fix cens trente-
neuf.* Signé, LE MAIRE.

E X T R A I C T   D E S   R E G I S T R E S
du Confeil d'Eftat.

S V R qui a efté remonftré au Roy en fon Confeil, que par fes Lettres de Declaration du mois
d'Aouft mil fix cens trente-fept, regiftrées en la
Cour des Aydes de Paris le huictiéme Iuillet mil fix
cens trente-huict: Pour les confiderations y contenuës, fa Majefté auroit reuoqué la Commiffion cy-
deuant expediée pour la recherche des deniers indeuëment pris & perceus par diuers Officiers de Police de la Ville de Paris, outre & pardeffus les droicts,
émolumens & falaires à eux attribuez, iceux déchargez de toutes reftitutions aufquelles ils pourroient
eftre tenus pour ce regard, & reglé & augmenté les
droicts des Iurez Mouleurs, Compteurs, Cordeurs
& Vifiteurs de bois, Iurez Chargeurs de bois en charrettes, des Iurez Mefureurs & Porteurs de Charbon de bois & de terre, Iurez Courtiers de Vin, & Iurez Vendeurs & Controlleurs de la marchandife de

Foing ; pour eſtre leſdits droiĉts perceus à l'aduenir à vn pied certain, ainſi qu'il eſt contenu par leſdites Lettres de Declaration : leſquelles ayans eſté miſes dés le mois d'Aouſt dernier, entre les mains des Preuoſt des Marchands & Eſcheuins de ladite Ville de Paris, pour les faire regiſtrer en l'Hoſtel de ladite Ville de Paris, ſelon & ainſi qu'il leur eſt enjoint & mandé ; Ils auroient au lieu de ce faire, reſolu d'aſſembler le Conſeil de Ville pour en deliberer : Au ſujet dequoy leſdits Preuoſt des Marchands & Eſcheuins ayans eſté mandez, & ouys à pluſieurs fois audit Conſeil, il ne reſte plus aucun pretexte auſdits Preuoſt des Marchands & Eſcheuins, de differer plus longuement l'enregiſtrement deſdites Lettres de Declaration, de l'execution deſquelles ſa Majeſté a fait eſtat de retirer vne bonne ſomme de deniers pour ſubuenir aux frais de la guerre. VEV leſdites Lettres de Declaration du mois d'Aouſt mil ſix cens trente-ſept, regiſtrées en ladite Cour des Aydes à Paris le huiĉtiéme Iuillet mil ſix cens trente-huiĉt, & Arreſts dudit Conſeil interuenus pour l'execution d'icelles : Tout conſideré. LE ROY EN SON CONSEIL, a ordonné ; qu'il ſera procedé par leſdits Preuoſt des Marchands & Eſcheuins de ladite Ville de Paris, inceſſamment & ſans plus differer, à l'enregiſtrement deſdites Lettres de Declaration du mois d'Aouſt mil ſix cens trente-ſept, ſans pource faire aſſembler le Conſeil de ladite Ville ; ce que ſa Majeſté defend tres-expreſſémét auſdits Preuoſt des Marchands & Eſcheuins, auſquels elle enjoint de tenir la main à l'execution deſdites Lettres de Declaration, & faire iouïr leſdits Officiers de Police y dénommez, des droiĉts & émolumens y mentionnez, fors & excepté leſdits Iurez Porteurs de charbons,

les

les droicts & émolumens defquels fa Majefté s'eſt
referuée de regler, felon & ainfi qu'elle verra bon
eſtre, à peine de demeurer refponfables en leurs pro-
pres & priuez noms des deniers qui doiuent prouenir
de l'execution defdites Lettres de Declaration. Et
fera le prefent Arreſt executé nonobſtant oppofitions ou appellations quelconques, dont fi aucunes
interuiennent, fadite Majeſté s'en eſt referuée la co-
gnoiffance en fondit Confeil, & a icelle interdite &
defenduë à toutes fes autres Cours & Iuges. FAICT
au Confeil d'Eſtat du Roy, tenu à Paris le dix-neufiéme iour de Ianuier mil fix cens trente-neuf. Signé, BORDIER.

LOVIS par la grace de Dieu Roy de France
& de Nauarre, Aux Preuoſt des Marchands
& Efcheuins de noſtre bonne Ville de Paris,
Salut. Suiuant l'Arreſt dont l'extraict eſt cy-attaché
fous le contre-feel de noſtre Chancellerie, ce iour-
d'huy donné en noſtre Confeil d'Eſtat, Nous vous
mandons & ordonnons de proceder inceſſamment,
& fans plus differer, à l'enregiſtrement de nos Let-
tre de Declaration du mois d'Aouſt 1637. pour raiſon
des noũueaux droicts attribuez aux Iurez Mouleurs,
Cõpteurs, Cordeurs & Viſiteurs de bois, Iurez Chargeurs de bois en charrettes, des Iurez Mefureurs
& Porteurs de Charbon de bois & de terre, Iurez
Courtiers de vins, Iurez Vendeurs & Controlleurs
de Foing, fans aſſembler le Confeil de ladite Ville;
ce que nous vous defendons tres-expreſſément : ains
vous enioignõs de tenir la main à l'execution defdi-
dites Lettres, & faire iouïr les Officiers de Police y
defnommez, des droicts & émolumens y mentionnez, fors & excepté lefdits Iurez Porteurs de char-

G

bons, les droicts & émolumens desquels nous nous reseruons de regler, selon & ainsi que nous verrons bon estre, sur les peines declarées audit Arrest, nonobstant oppositions ou appellations quelconques, dont si aucunes interuiennent, nous nous en reseruons la cognoissance en nostredit Conseil, & l'interdisons à toutes nos Cours & autres Iuges : Et outre, commandons au premier nostre Huissier ou Sergent sur ce requis, de signifier ledit Arrest à tous qu'il appartiendra, à ce qu'ils n'en pretendent cause d'ignorance, & faire pour l'execution d'iceluy, tous commandemens, sommations, defenses, & autres actes & exploicts necessaires, sans demander autre permission : CAR tel est nostre plaisir. DONNE à Paris le dix-neufiéme iour de Ianuier mil six cens trente-neuf, & de nostre regne le vingt-neufiéme. Signé, Par le Roy en son Conseil, BORDIER, & seellée du grand Seau de cire jaune ; & attachée auec ledit Arrest sous le contre-seel. Et encor est écrit :

Regiſtré au Greffe de la Ville, oüy & ce conſentant le Procureur du Roy & d'icelle, pour eſtre executées ſelon leur forme & teneur, aux charges contenuës en l'Acte de ce iourd'huy deuxieme iour de Mars mil ſix cens trente-neuf.

Signé, LE MAIRE.

EXTRAICT DES REGISTRES
de la Cour des Aydes.

ENTRE la Communauté des Iurez Mouleurs, Cordeurs, Compteurs & Visiteurs de bois de la Ville & Faux-bourgs de Paris, appellans d'vne Ordonnance renduë par les Preuost

des Marchands & Efcheuins de ladite Ville, le feptiéme May mil fix cens trente-neuf : Par laquelle
Girard Gabriel, l'vn d'içeux, auroit efté condemné
à reftituer à l'intimé cy-apres nommé, fix fols qu'il
auoit receus de luy pour le droiſt d'vne voye de bois
qu'il auoit fait entrer & arriuer en cette ville de Paris,
dans vne charrette, par la porte S Martin, & à luy fait
defenfes & aufdits Mouleurs de bois, de perceuoir
ledit droiſt pour le bois qui entreroit par les portes de
ladite Ville, s'ils n'eftoient appellez pour faire l'exercice de leurs charges : Et encores lefdits Iurez Mouleurs demandeurs aux fins de la Requefte par eux
prefentée à ladite Cour le dix-huiſtiéme Iuin audit
an fix cens trente-neuf, d'vne part : Et Maiftre Chry-
foftome Perinelle, Procureur en la Cour, intimé &
defendeur, d'autre. VEV PAR LA COVR
l'Arreft donné en icelle le vingt-deuxiéme Nouembre mil fix cens trente-neuf, par lequel fur lefdites appellations, les parties auroient efté appointées au
Confeil, à bailler par les appellans leurs caufes &
moyens d'appel dans trois iours, l'intimé fes refpon-
fes trois iours apres, & à produire dans le temps de
l'Ordonnance, & fur ladite requefte en droiſt à écri-
re & produire dans pareil delay, pour leur eftre fur le
tout fait droiſt conjointement ou feparément : Requefte des appellans du vingt-quatriéme Nouembre audit an, employée pour caufes d'appel : Requefte dudit intimé, du premier Decembre audit an, employée pour refponfe à ladite Requefte d'employ :
Productions defdites parties : Requefte defdits Iurez
Mouleurs, du dernier Féurier mil fix cens quarente,
employée pour contredits contre la production dudit Perinelle : Sa requefte du huiſtiéme Mars enfui-
uant, pareillement employée pour contredits contre
la production defdits Iurez Mouleurs, fuiuant l'Ar-

reſt de ladite Cour du vingt-troiſiéme Féurier audit an : Production nouuelle deſdits Iurez Mouleurs, Cordeurs & Compteurs de bois , du 4. Septembre mil ſix cens quarente : Requeſte dudit Perinelle du cinquiéme dudit mois & an , employée pour contredits contre ladite production nouuelle. Concluſions du Procureur general du Roy : Et tout conſideré ; LA COVR a mis & met l'appellation & ce dont a eſté appellé, au neant , en emendant ſur la demande dudit Perinelle , a mis les parties hors de Cour & de procez: Et faiſant droict ſur l'inſtance deſdits Iurez Viſiteurs, Mouleurs, Cordeurs & Compteurs de bois, portée par leur Requeſte du vingt-huictiéme Iuin mil ſix cens trente-neuf, A ordonné & ordonne, qu'ils jouïront des droicts à eux attribuez par la Declaration du Roy , du mois d'Aouſt mil ſix cens trente-ſept, & Arreſt de verification interuenu ſur icelle, ſur la marchandiſe de bois entrant par eauë & par terre en la Ville de Paris , Fauxbourgs & banlieuë d'icelle, & ſur laquelle le Fermier de la Buche prend ſon droict ; leſdits Iurez appellez pour viſiter, mouler, compter & corder ladite marchandiſe, ou non, ſans toutefois qu'ils puiſſent prendre & perceuoir aucun droict ſur celles qui ſe trouueront prouenir des heritages des Bourgeois de ladite Ville de Paris, & pour leur vſage ſeulement, ſans deſpens. PRONONCE' le ſixiéme iour d'Octobre mil ſix cens quarente. Signé, BOVCHER.

Collationné aux Originaux par moy Conſeiller Secretaire du Roy & de ſes Finances.